Fritz van Calker

Politik als Wissenschaft

Rede zur Feier des Geburtstages Sr. Majestät des Kaisers

Fritz van Calker

Politik als Wissenschaft
Rede zur Feier des Geburtstages Sr. Majestät des Kaisers

ISBN/EAN: 9783743499713

Hergestellt in Europa, USA, Kanada, Australien, Japan

Cover: Foto ©ninafisch / pixelio.de

Weitere Bücher finden Sie auf **www.hansebooks.com**

POLITIK

ALS

WISSENSCHAFT.

REDE

ZUR FEIER

DES GEBURTSTAGES SR. MAJESTÄT DES KAISERS

AM 27. JANUAR 1898

IN DER AULA DER

KAISER-WILHELMS-UNIVERSITÄT STRASSBURG

GEHALTEN VON

Dr. FRITZ VAN CALKER

ORD. PROFESSOR DER RECHTE.

STRASSBURG

J. H. ED. HEITZ (HEITZ & MÜNDEL)

1898.

POLITIK ALS WISSENSCHAFT.

Hochgeehrte Versammlung!

Deutschland feiert heute den Geburtstag des Kaisers! Die Kaiser-Wilhelms-Universität begeht diesen Tag in der Gesinnung ehrfurchtsvoller, treuer Liebe zu dem Enkel ihres erlauchten Stifters: in den Tönen jubelnder Gesänge, wie in den Worten ernster Betrachtung grüssen wir heute begeistert den Träger der Kaiserkrone, und aus warmem Herzen ziehen unsere Segenswünsche zu dem Throne des Fürsten!

Doch wir würden dem hohen Sinn unseres Kaisers gar sehr entgegenhandeln, gedächten wir durch preisende Lobrede die Gefühle unserer Dankbarkeit und unserer Liebe zum Ausdruck zu bringen, — nein, im Sinn des Fürsten, dem zu einem schöpferischen Streben nach hohen Zielen ein unermüdliches Pflichtgefühl gegeben, vermögen wir nur dadurch dem heutigen Tage die unserm Beruf entsprechende Weihe zu geben, dass wir, auch heute im Kreis unserer täglichen Pflichten bleibend, aber in festlicher Gestaltung und in Gemeinschaft mit verehrten, hochwillkommenen Gästen, Aufgaben, die unsere Wissenschaft uns stellt, erwägen und betrachten.

Und da nun mir der ehrenvolle Auftrag geworden, Träger des Grusses zu sein, den wir unserem Kaiser darbringen, so mögen Sie mir gestatten, Ihre Aufmerksamkeit auf einige Fragen aus dem Gebiete der Wissenschaft zu lenken, welche Staat und Recht zum Gegenstand ihrer Forschung hat.

An Sie, liebe Commilitonen, wende ich mich hiebei in erster Linie, Ihnen Allen, gleichgiltig welcher Facultät Sie angehören, möchte ich in dieser festlichen Stunde, da wir den Geburtstag unseres Kaisers feiern, durch Erwägung von Fragen des staatlichen Lebens den Wunsch ans Herz legen, Sie wollen die Zeit Ihrer Studien auf der Universität auch dazu benützen, sich für eine spätere Mitarbeit an den Aufgaben des staatlichen Lebens vorzubereiten: nicht dadurch, dass Sie jetzt bereits Partei ergreifen, sondern indem Sie sich hier die Bildung des Geistes und des Willens erwerben, die Ihnen allein die Möglichkeit zu bieten vermag, in künftigen Jahren gestützt auf eine selbständige Auffassung der Welt und ihrer Erscheinungen als ganze Männer Niemand zu Lieb, Niemand zu Leid, sich im öffentlichen Leben bewähren zu können.

In der Geschichte wohl aller Wissenschaften lässt sich die Beobachtung machen, dass Perioden, in welchen in erster Linie allgemeine Grundfragen untersucht werden, abwechseln mit solchen, in denen

die Aufmerksamkeit vorzüglich der Bearbeitung von
E i n z e l f r a g e n zugewendet wird. So bedeutsam und
notwendig nun treue, gewissenhafte Arbeit in letzterer Richtung ist, so wenig lässt sich verkennen, dass
dann, wenn sich in einer Wissenschaft jeweils wiederum das Bedürfnis geltend macht, die G r u n d l a g e n
neuerdings zur Untersuchung zu stellen, dass dann ein
für die zukünftige Entwickelung dieser Wissenschaft
wichtiger, ja entscheidender Moment gekommen ist.
Ein solcher Moment ist für die S t r a f r e c h t s -
w i s s e n s c h a f t gegenwärtig gegeben. Es ist diese
Erscheinung in erster Linie darauf zurückzuführen, dass
sich mehr und mehr die Unwirksamkeit der durch das
geltende Recht gebotenen Strafmittel erwiesen hat; und
aus diesem Grunde sind Fragen einer R e f o r m
jener Massnahmen, Fragen der C r i m i n a l p o l i t i k,
in den Vordergrund unseres Interesses getreten. Diese
Fragen der Criminalpolitik können aber nur dann
mit Aussicht auf brauchbare Ergebnisse in Untersuchung gezogen werden, wenn wir sie im Zusammenhang
mit den Grundfragen der g e s a m m t e n T h ä t i g k e i t
des Staates zu erfassen, wenn wir sie a u s e i n e r
e i n h e i t l i c h e n G r u n d a u f f a s s u n g ü b e r d i e
A u f g a b e n d e s S t a a t e s zu e n t w i c k e l n streben.
So sieht sich heute der Criminalist in der Notwendigkeit, Grundfragen der Politik überhaupt in den Bereich
seiner Forschung ziehen zu müssen. Und solche Grundfragen sind es, die ich zur Erwägung stellen möchte,
wenn ich mir erlaube, im Folgenden über ‹P o l i t i k
a l s W i s s e n s c h a f t › zu handeln.

Die Politik mag uns hiebei hineinführen in das Getriebe des staatlichen Lebens, die Wissenschaft aber soll uns auf einen erhöhten Standpunkt erheben, von dem aus wir in freierem Umblick jenes Getriebe überschauen, auf dass wir in freimütiger Gesinnung die idealen Ziele politischen Strebens zu erkennen und mit warmem Herzen diese Ziele zu erfassen vermögen. In solcher Weise wollen wir heute den Geburtstag unseres Kaisers feiern!

I.

Wer es heute wagt, Fragen der Politik als wissenschaftliche Fragen in Untersuchung zu ziehen, der muss sich bewusst sein, dass er bei diesem Beginnen von Vornherein und auf allen Seiten einem erheblichen Misstrauen begegnen wird, ja der muss sich bewusst sein, dass die ganze Stellung, welche die Politik als Wissenschaft heute einnimmt, bei weitem keine so gefestete ist, als der Bedeutung ihres Gegenstandes wohl entsprechen würde. Das durch solche Erwägungen entstehende Gefühl einer gewissen Unsicherheit des betretenen Weges darf aber nicht hindern, diesen Weg zu gehen, wenn die Ueberzeugung besteht, dass nur durch ein Beschreiten gerade dieses Weges erstrebte Ziele erreicht werden können. Und wenn ich in solcher Ueberzeugung nun dieses Wagnis unternehme, so geschieht es in der Meinung, dass ein Versuch, in dem wirren Getriebe politischer Anschauungen d u r c h methodische Erfassung leitender Gesichtspunkte eine gewisse allgemeine Orientierung zu erstreben, auch dann Berechtigung hat, wenn dieser Versuch zunächst nur den Erfolg haben kann, zu anderen Versuchen mit tauglicheren Mitteln Anlass zu bieten.

Es ist nun bezeichnend für die Unsicherheit der Lage, in welcher sich die Politik als Wissenschaft heute befindet, dass es noch keineswegs ausser Zweifel steht, welche Fragen denn überhaupt hier zu untersuchen und darzustellen sind. Es rührt diese Unsicherheit vor allem daher, dass von der Politik als Wissenschaft, in dem Sinn, in dem Aristoteles diesen Begriff gebrauchte, (in dem Sinn von Staatslehre oder Staatswissenschaft nämlich, in welcher die Gesamtheit aller auf den Staat bezüglichen Erfahrungen, Erscheinungen und Kenntnisse zusammengefasst wird), im Laufe der Entwickelung verschiedene Gebietsteile sich abzweigten und als selbständige Wissenschaften auftraten.

Welche Fragen verbleiben darnach heute der Politik zur Untersuchnng, wie ist der Begriff der Politik als Wissenschaft heute festzustellen? Die Antwort hierauf kann vielleicht in folgender Weise gegeben werden: Unter Politik als Praxis wird heute regelmässig die Leitung der Staatsangelegenheiten verstanden; gehen wir von dieser Verwendung des Begriffes aus, so muss die Politik als Wissenschaft zum Inhalt haben: die Lehre von den Grundsätzen, welche für die Leitung der Staatsangelegenheiten und damit für die Gestaltung und Entwickelung des Verhältnisses zwischen Staat und Staatsangehörigen einerseits, einem Staat und anderen Staaten andererseits, massgebend sein sollen.

Die hiermit der Politik gestellte Aufgabe besteht in einem Doppelten: Einmal in einer Darstellung der Zustände und Einrichtungen des gegenwärtigen staatlichen Lebens und einer Aufweisung der Kräfte, die zu dem gegenwärtig Bestehenden geführt haben und dieses bedingen; zum anderen in einer Beurteilung des Dargestellten und in hierauf sich gründenden Vorschlägen für die zukünftige Gestaltung im Sinn von Erhaltung oder Aenderung des gegenwärtigen Zustandes.

Fragen wir nun, in welcher Weise die politischen Schriftsteller diese Aufgabe jeweils zu lösen unternommen,[1] so tritt uns die Erscheinung entgegen, dass der weitaus überwiegende Teil derselben von einem bestimmten, von Vornherein als richtig vorausgesetzten politischen Standpunkte aus an die Darstellung und Beurteilung gegebener Zustände herantritt. Begreiflicherweise wird hierdurch die Neigung erzeugt, das jeweilige Parteiprogramm zur Grundlage der Kritik und zur Quelle aller Vorschläge für die zukünftige Gestaltung zu machen: durch solche Methode wird aber dann diese Litteratur zur mächtigsten Stütze jenes Doctrinarismus, der ohne Rücksicht auf concret gegebene, historisch erwachsene Zustände die Punkte seines Programmes zur Durchführung zu bringen strebt, jenes Doctrinarismus, der dadurch, dass er den Blick starr auf die Buchstaben des Programmes gerichtet hält, das Verständnis für die Bedürfnisse des wirklichen Staatslebens verliert und deshalb notwendigen Massnahmen der praktischen Politik nicht selten hindernd in den Weg tritt.

Sehe ich recht, so liegt nun gerade in dieser Erscheinung die Wurzel jenes Misstrauens, das der Theorie der Politik gegenüber heute besteht; und dieses Misstrauen lässt sich deshalb auch insoweit nicht als unberechtigt bezeichnen, als es sich gegen solche Schriften wendet, die nicht die rücksichtslose Erforschung wissenschaftlicher Wahrheit, sondern die litterarische Vertretung von Parteianschauungen zum Ziel haben. Durchaus ungerechtfertigt ist es aber, hier zu generalisieren und jenes Urteil auch auf die Werke von Schriftstellern auszudehnen, die von dem ernstesten Streben beseelt sind, die Politik «auf den Grund und das Mass der gegebenen Zustände zurückgeführt» (F. C. Dahlmann) zur Darstellung zu bringen, auf die Werke von Männern, die wie Dahlmann, Waitz, v. Mohl, Bluntschli, Gneist, v. Holtzendorff, v. Treitschke und manche Andere durch ihre politischen Schriften für die Entwickelung unseres staatlichen Lebens dauernd Wertvolles geleistet haben.

Allerdings aber kann sogar diesen Männern der eine Vorwurf nicht ganz erspart bleiben, dass sie durch die Methode ihrer Untersuchung und Darstellung der Möglichkeit einer Annahme, dass auch sie vom Standpunkt einer von Vornherein gegebenen politischen Anschauung aus die Lösung ihrer Aufgabe und

ternommen, keineswegs genügend deutlich entgegen
getreten sind. Denn bei aller Absicht, Darstellung und
Beurteilung von der Beimischung von Parteianschauungen möglichst frei zu halten, findet sich doch nirgends
der Gedanke klar zum Ausdruck gebracht, dass die
Politik als Wissenschaft zunächst doch einmal den
Versuch machen muss, ein seinem Wesen nach über
jeweiligen Parteianschauungen erhabenes allgemeingiltiges Prinzip aufzuweisen, von welchem
aus dann erst die Beurteilung politischer Handlungen
und Bestrebungen in einer nicht bloss subjektiven
Weise geschehen kann. Und so lange nicht ein solches
allgemeingiltiges Prinzip den Ausgangspunkt der Untersuchung bildet, kann der Vorwurf einer einseitigen Beurteilung der politischen Verhältnisse nicht mit der
notwendigen Bestimmtheit zurückgewiesen werden.

Aber ist es denn überhaupt möglich, ein solches seinem Wesen nach über subjektiven Anschauungen erhabenes Prinzip aufzuweisen und wäre eine
durch solchen Standpunkt vorgezeichnete prinzipiell
andersartige Methode der Untersuchung in der Politik
überhaupt durchführbar? Dieses sind die Fragen, die
hier zunächst auftauchen; ihre Beantwortung soll im
Folgenden versucht werden. ²

Ich habe bisher einer Richtung in der Litteratur
der Politik noch nicht Erwähnung gethan, die in den
letzten Jahrzehnten mehr und mehr in den Vordergrund
getreten ist: derjenigen Richtung, welche die Politik
«als Teil der Sociologie» oder «auf sociologischer
Grundlage» zur Darstellung bringt. Als Hauptvertreter

dieser Richtung möchte ich Gumplowicz und Ratzenhofer nennen. [3]

Das Eigentümliche dieser sociologischen Richtung besteht darin, dass sie als erste und bedeutsamste Aufgabe der Politik als Wissenschaft die Nachweisung und Formulierung sogenannter «socialer Gesetze» betrachtet, auf deren Grundlage sie dann ihre weiteren Erwägungen aufbaut; und zwar verfährt sie hiebei in der Weise, dass sie diejenigen Gesetze, welche die moderne Naturwissenschaft, insbesondere die Biologie, als für die Entwickelung aller Lebewesen massgebend aufweist, auf die Erkenntnis des socialen Lebens der Menschen zur Anwendung bringt.

Durch diese Methode der Untersuchung ist zweifellos ein grundsätzlich über subjektiven Anschauungen politischer Parteien erhabenes Prinzip der Beurteilung gewonnen — ward hiemit wohl der gesuchte richtige Weg gefunden? Ich glaube nicht, dass wir diese Frage bejahen können; denn so interessante Gesichtspunkte jene Richtung heute bereits vorgebracht hat und so aussichtsvoll mir der Versuch erscheint, die aus der Biologie gewonnene Erfahrung als heuristisches Prinzip zur Erklärung der Erscheinungen des menschlichen Lebens zu verwenden, so wenig bin ich doch der Meinung, dass durch die sociologische Richtung eine für die Politik brauchbare Methode der Untersuchung geboten werden kann.

Meine Anschauung gründet sich hiebei auf folgende Erwägung:

Gegenstand der naturwissenschaftlichen Er-

kenntnis ist stets — auch wenn sich die Untersuchung
auf staatenbildende Tiere, wie etwa Bienen oder Amei-
sen, richtet — das einzelne Lebewesen und seine
Entwickelung (und zwar zunächst, wenn nicht ausschliesslich, seine körperliche Entwickelung); Gegenstand jeder Untersuchung des staatlichen Lebens als solchen ist dagegen nicht der einzelne
Mensch, der einzelne Staatsangehörige, sondern vielmehr die Gestaltung des Zusammenlebens und
Zusammenwirkens, die Normen, welche in Recht
und Sitte für diese Gestaltung massgebend sind, oder
massgebend sein sollten.

Mit der eben betonten Verschiedenheit des Un-
tersuchungsobjectes hängt ein zweites Moment zu-
sammen. Die Naturwissenschaft ist bestrebt, in allen
ihren Forschungsgebieten den Gang der Entwickelung
unter dem Gesichtspunkt des Causalitäts-
gesetzes nachzuweisen: ob sie darstellt, welche
Folgen der Kampf ums Dasein äussert, oder ob sie
schildert, welche Bedeutung der ‹Vererbung› oder der
‹Anpassung› zukommt, stets sucht sie für gegebene
Erscheinungen als Wirkungen die Ursache zu er-
gründen und das gefundene Resultat in der Form von
‹Gesetzen› zum wissenschaftlichen Ausdruck zu
bringen.

Es erhebt sich damit die Frage: Ist es angängig,
diese Methode der Naturwissenschaft auch in der
Politik anzuwenden?

Die sociologische Auffassung bejaht die Frage —
ich glaube, dass wir die Frage verneinen müssen.

Würde es sich in der Politik lediglich um eine Darstellung und genetische Erklärung der Erscheinungen des staatlichen Lebens handeln, so könnte der sociologischen Anschauung vielleicht im Prinzip Recht gegeben werden, allein es handelt sich in der Politik thatsächlich ja noch um ein Anderes: um die Beurteilung, die Bewertung der gegebenen Erscheinungen und um die aus diesem Urteil unter dem Gesichtspunkt der Zweckmässigkeit sich ergebenden Vorschläge für eine zukünftige Gestaltung.

Ein solches Urteil lässt sich aus der Erklärung der Erscheinungen unter dem Gesichtspunkt der Causalität niemals gewinnen, denn das erklärende Princip sagt uns, dass eine bestimmte Einrichtung, eine politische Lage aus bestimmten Ursachen causal geworden — ein Urteil über den Wert derselben giebt es uns nicht.

Die sociologische Richtung vermag somit insoweit, als sie sichere Resultate aufzuweisen in der Lage ist, für die Darstellung und Erklärung des Bestehenden thatsächlich Brauchbares zu bieten, für die Beurteilung aber bietet sie keinen neuen Gesichtspunkt; sie muss entweder die Beurteilung dem subjectiven Meinen des Einzelnen anheimgeben, wie dies in der bisherigen Richtung geschehen, oder aber sie muss auf eine Beurteilung im eigentlichen Sinn überhaupt Verzicht leisten, indem sie das Bestehende, da es ja causal entstanden, als um deswillen auch ‹berechtigt› erklärt.

Vom Standpunkt der sociologischen Anschauung aus ist wohl das letztere um deswillen consequenter,

weil ihrer Grundauffassung die Betrachtung der menschlichen Willensbildung unter dem Gesichtspunkt des
materialistischen Determinismus entspricht; und
wird der Mensch, wie diese Anschauung lehrt, zu seinem
Denken, Wollen und Handeln durch die jeweils gegebene Umgebung, das «milieu», causal gezwungen, dann
hat es ja keinen Sinn, wenn er sich Zwecke setzt
und diese zu erreichen strebt — die Entwickelung rollt
über sein subjectives Meinen und Wollen doch unauf-
haltsam der causal notwendigen Zukunft entgegen.

Eine Kritik des materialistischen Determinismus
kann hier nicht in Frage stehen,⁴ das aber kann und
muss an dieser Stelle betont werden, dass jene Auffassung, wenn sie die Bedeutung der Einzelpersönlichkeit in dem Brei des «milieu» ersticken zu können
glaubt, den besonderen psychologischen Wert der individuellen Eigenart gar sehr unterschätzt und vor allem
völlig verkennt, dass die einzelne historische Persönlichkeit in ihrem Wollen und Handeln der gesamten
Umgebung gegenüber einen selbständigen Faktor
in der Entwickelung ihrer Zeit bedeutet.

Zur Aeusserung gelangt diese Selbständigkeit des
Einzelnen, seine psychologische Freiheit, in der Fähigkeit bewusster und vernünftiger Zwecksetzung, denn
ein jedes geistig gesunde menschliche Wesen setzt sich
bewusstermassen Zwecke seines Wollens und Handelns; und indem ein jedes Urteil darüber, was sein
soll, von dem Gedanken eines zu verwirklichen-
den Zweckes, eines zu erreichenden Zieles aus-
geht, beurteilt, bewertet es die Erscheinungen der

Aussenwelt nach ihrem Verhältnis zu diesen seinen Zwecken. Durch diese Thatsache ist für die Betrachtung menschlichen Wollens und Handelns ein Prinzip gegeben, das für die Naturwissenschaft in dieser Bedeutung überhaupt nicht besteht: das Prinzip der Beurteilung und Bewertung.

Wohl begegnen wir auch in naturwissenschaftlichen Untersuchungen nicht selten dem Begriff der «Zweckmässigkeit» und einem hierauf gestützten Urteil, — beispielsweise, wenn dargethan wird, dass es für ein Tier im Kampf ums Dasein «zweckmässig» sei, sich seiner Umgebung durch Schutzfärbung anpassen zu können — aber einmal wird der Begriff «zweckmässig» in der Naturwissenschaft regelmässig nur in dem Sinn von «die Lebensfähigkeit» oder «die Dauerfähigkeit» erhöhend (Wilhelm Roux) gebraucht, zum anderen kann auch in diesem Sinn der Zweck eben selbstverständlich nicht als ein bewusst erstrebtes Ziel verstanden werden, sondern nur als ein von dem Forscher ins Auge gefasster Punkt der Entwickelung, zu welchem diese nach dem Gesetz der Causalität hingeführt wird.

II.

Das Resultat unserer bisherigen Untersuchung ist dieses: Die Politik als Wissenschaft bedarf zur Lösung ihrer Aufgabe neben dem erklärenden Prinzip, das im Causalitätsgesetz gegeben ist, ein Prinzip der Beurteilung; die Naturwissenschaft und die auf naturwissenschaftlichen Gesetzen aufbauende sociologische Richtung vermag ein solches nicht zu bieten, das Prinzip ist vielmehr nur dadurch zu gewinnen, dass die menschliche Zwecksetzung als eine psychologische Erscheinung besonderer Art ins Auge gefasst und zur Grundlage der weiteren Erwägungen gemacht wird.

Suchen wir nun aber zur Ausführung dieses Gedankens die einzelnen Zwecke menschlichen Wollens und Handelns inhaltlich zu erkennen, so erscheint vor unserem Auge ein wirres Getriebe wild durcheinander wogender Strebungen und wir meinen wohl an der Möglichkeit verzweifeln zu müssen, diese Mannigfaltigkeit jemals unter dem Gesichtspunkt eines einheitlichen ordnenden Prinzipes fassen zu können. Und doch: die Philosophie aller Zeiten hat diesen Versuch unternommen und in den verschiedenartigsten Formulierungen das höchste Gut, das Ziel und Mass aller Dinge zu bestimmen gestrebt; und zwar ist hier die meist vertretene — und wohl auch heute herrschende — Anschauung die, dass das höchste Ziel und damit der oberste Wertmassstab in der Zufriedenheit, dem grösstmöglichen Glück, oder der grösstmöglichen Wohlfahrt Aller oder möglichst Vieler gegeben sei.

Es kann nicht meine Absicht sein, zu dieser Anschauung hier kritisch Stellung nehmen zu wollen, ich kann nur folgende meinen abweichenden Standpunkt bestimmende Erwägungen vorlegen:

Zufriedenheit, Glück und Wohlfahrt des Einzelnen bezeichnen einheitlich einen Zustand der Befriedigung aller seiner Bedürfnisse und Wünsche. Durch welche inhaltliche Gestaltung dieser Zustand herbeigeführt wird, hängt also ausschliesslich von der individuellen Besonderheit eines Jeden, seinen persönlichen Bedürfnissen und Wünschen ab, und die Zufriedenheit, das Glück und die Wohlfahrt Aller oder möglichst Vieler kann deshalb nur in dem Gedanken einer Summe jener inhaltlich verschiedenartig gestalteten Zustände bestehen, in welchen die Zufriedenheit, das Glück und die Wohlfahrt der Einzelnen begründet ist. Durch diesen Gedanken wird somit nicht ein über den subjektiven Einzelzwecken erhabenes allgemeingiltiges Ziel formuliert, an welchem die objektive Berechtigung der Einzelzwecke gemessen werden könnte, es wird vielmehr auf die Subjektivität des Einzelnen, die ja mit ihren Bedürfnissen und Wünschen in jener Summe zu voller Befriedigung gelangen muss, zurückverwiesen. Und wer sich mit dieser Rückverweisung nicht zufrieden geben will, der muss deshalb m. E. eine andersartige Fassung des höchsten Zieles zu gewinnen streben.

Eine solche kann vielleicht in folgendem Gedankengang gefunden werden: Die Grundlage alles menschlichen Handelns ist gegeben in dem Streben nach Befriedigung vorhandener Bedürfnisse — seien diese nun materieller, geistiger oder sittlicher Natur. Diese Bedürfnisse lassen sich in ihrer unendlichen Mannigfaltigkeit in Bezug auf ihren Inhalt — ausser durch blosse Addierung — nicht einheitlich fassen. Wohl aber ist hier ein formal einheitliches Prinzip möglich: Ein jedes Individuum will und handelt in Gemäss-

heit seiner Eigenart, seine Bedürfnisse und damit
die Art ihrer möglichen Befriedigung ist durch jene
Eigenart bedingt. Aus der Gesamtheit dieser Bedürfnisse lässt sich nun nach ihrer Richtung eine formal
einheitliche Klasse aussondern, der für jedes Einzel-
wesen ein die Bedeutung des Augenblickes dauernd
überragender Wert zukommt: es sind dies diejenigen
Bedürfnisse, die in ihrer Befriedigung eine Entfaltung
und Entwickelung der Eigenart, und damit eine
Erhöhung der Leistungsfähigkeit, eine Vervollkommnung des Individuums enthalten.

Man wird vielleicht dieser Anschauung gegenüber
die Frage aufwerfen: ob denn nicht von solchem
Standpunkt aus etwa auch die Steigerung der Geschick-
lichkeit im Stehlen oder im Gebrauch unlauterer Reklame-
mittel, als eine «Vervollkommnung» angesehen werden
könnte? Es ist diese Frage zunächst durchaus zu bejahen: denn der Begriff der Vervollkommnung ist an
sich ein rein formaler. Einen positiven Inhalt er-
langt derselbe erst dadurch, dass er zu den ethischen
Anschauungen einer bestimmten Zeit und eines
bestimmten Volkes in Beziehung gesetzt wird. Und
nur von dem hiermit gegebenen concreten Standpunkt
aus lässt sich dann die Frage entscheiden, ob eine
vorliegende Erscheinung sich inhaltlich als eine «Vervollkommnung» darstelle oder nicht; und zwar wird
diese Entscheidung regelmässig dahin gehen, dass eine
Erhöhung der Leistungsfähigkeit des Individuums
nur insoweit als eine Vervollkommnung nicht betrachtet wird, als diese Fähigkeit zu einer Handlungs-

weise führt, die in concreto als ethisch verwerflich erscheint.

So nimmt schliesslich der Begriff der Vervollkommnung zwar seinen positiven Inhalt jeweils aus historisch
gegebenen ethischen Anschauungen, ragt aber gleichwohl als einheitliches formales Prinzip dadurch über
dieselben empor, dass er die Entfaltung und Entwickelung der Eigenart im Sinn einer Erhöhung der Leistungsfähigkeit als formal einheitlichen und allgemeingiltigen Zweck Aller bezeichnet. Und damit ist uns der Weg gewiesen, der
zum letzten Ziele, zum höchsten Gute führt:
zu der Idee der Vollkommenheit. Jenes Ziel selber
liegt freilich in der Ferne der Unendlichkeit und menschliches Auge vermag niemals, es in seinem ganzen Wesen zu erfassen, aber so glanzvoll leuchten die Strahlen
seines Lichtes, dass doch die Richtung und der Weg
in jene Ferne auf weite Strecken erkennbar vor uns
liegt; und dieser Weg ist eben die Vervollkomm-
nung.⁵

Das Verhältnis, das zwischen Vollkommenheit und Zufriedenheit, allgemeiner Wohlfahrt oder höchstem Glück
als vorgestellten letzten Zielen besteht, ist nun aber m. E.
nicht dieses, dass ersteres die letzteren ausschlösse — im
Gegenteil: Zufriedenheit und Wohlfahrt und höchstes
Glück liegen, richtig verstanden, auf dem Wege zu
jenem. Und es gewinnen diese näheren Ziele aus der
Idee der Vollkommenheit einen besonderen, hohen Inhalt: den Gedanken, dass einem Jeden die Möglichkeit
gegeben ist, ein über dem Genuss des Augenblickes er-

habenes Glück zu erlangen durch die Entfaltung und Entwickelung seiner Eigenart in der Richtung auf das Wahre, Gute und Schöne.

Ich bin mir nun klar der Unmöglichkeit bewusst, für die Richtigkeit der hier entwickelten Meinung, für die Berechtigung der Vollkommenheitsidee, einen anderen Beweis zu erbringen, als denjenigen, der durch das Gefühl der Evidenz gegeben wird. Wer also zweifelnd in Abrede stellt, dass für menschliches Urteilen überhaupt ein höchstes Ziel, ein oberster allgemeingiltiger Massstab bestehe, oder dass dieser Massstab in der Idee der Vollkommenheit gegeben sei, der mag mir mit Recht fürderhin den Vorwurf machen, dass ich zur Grundlage meiner Erwägungen eine unbewiesene, ja unbeweisbare Behauptung genommen — ich vermag diesen Vorwurf nicht zurückzuweisen, ebensowenig, wie der Naturforscher, der von «Atomen» und «Kräften» spricht, ohne für die Wirklichkeit dieser Begriffe einen schlüssigen Beweis liefern zu können.

Menschlichem Erkennen bleibt die Erfassung eines höchsten Zieles, das von Vornherein jenseits aller Erfahrung liegt, ja stets versagt, gleichwohl vermag sich der Wille darauf zu richten, und ein unerschütterlicher Glaube verleiht diesem Willen heilige Kraft! Und wir dürfen uns doch auch hier mit dem Gedanken Goethes getrösten, dass es

«das schönste Glück des denkenden Menschen ist, das Erforschliche erforscht zu haben, und das Unerforschliche ruhig zu verehren».

Vielleicht aber möchte dann auch dieses denkbar sein: dass in der Idee der Vollkommenheit als höchstem Ziel naturwissenschaftliche Anschauung, für welche die Entwickelung und damit doch wohl die Vervollkommnung aller Lebewesen innerhalb der Grenzen der Erfahrung liegt, und frommer christlicher Glaube, dem die Vollkommenheit Einheit mit Gott bedeutet, sich schliesslich einmal begegnen werden.

III.

Die Idee der Vollkommenheit ist nun als Prinzip der Beurteilung in der Weise zur praktischen Verwendung zu bringen, dass concrete Erscheinungen — thatsächlich bestehende oder vorgestellte — mit einander in Vergleichung gezogen werden. Das Ergebnis der Vergleichung muss dann dieses sein: dass von den in Betracht gezogenen Erscheinungen die eine um deswillen höher zu bewerten, vorzuziehen, als richtig und zweckmässig zu erachten ist, weil sie gegenüber der anderen eine Ueberwindung bisheriger Unvollkommenheiten, einen Fortschritt in der Richtung auf das höchste Ziel bedeutet.

Sicherlich bleibt hiebei im Einzelnen diese Entscheidung nicht selten im Unsicheren — solche Unsicherheit ist durch die Grenzen menschlichen Erkennens bedingt — aber dieses ist doch wohl zweifellos, dass wir in der Annahme eines höchsten allgemeingiltigen Zieles,

wie der Steuermann in dem stets die Richtung wei-
senden Compass, das einzig sichere Hilfsmittel be-
sitzen, in dem stürmischen Wogen subjectiver Wünsche
und Strebungen das Schifflein im richtigen Curs zu
halten.

Und wenn nun thatsächlich in der Vollkommenheit
das Ziel und das Beurteilungsprinzip aller Zwecksetzung
gegeben ist, dann muss auch für dasjenige Wollen und
Handeln, das in der Politik zur Beurteilung steht,
dieses selbe Prinzip als massgebend anerkannt werden.
Denn der letzte Zweck des Staates kann immer nur
der sein, die Glieder der Gemeinschaft, die heute und
in künftigen Tagen seinen Bestand bilden, in der Entwickelung zu schützen und zu fördern, die ihren individuellen Zwecken — diese von der Höhe eines allgemeingiltigen letzten Zieles aus gesehen — gemäss ist.

Damit erschöpft sich der Zweck des Staates einerseits vollständig in den Zwecken seiner einzelnen
Glieder, geht aber andererseits inhaltlich über die
Summe der jeweiligen Einzelzwecke um deswillen weit
hinaus, weil sich seine Aufgabe auf eine unbestimmte
Anzahl zukünftiger Generationen erstreckt; und insofern erscheint dann die Einrichtung des Staates
an sich als besonderer, eigenartiger Zweck, als
Selbstzweck.

Die aus solcher Anschauung sich ergebende Stellung zu den in der politischen Teleologie jeweils be-
sonders hervorgetretenen Auffassungen ist später zu
erörtern," zuvor ist darzulegen, in welcher Weise nun
die Aufweisung des formalen Beurteilungsprinzipes für

die Methode der Untersuchung in der Politik von Bedeutung wird.

Die Frage, die in der Politik als erste und wich-
tigste auftaucht, ist die: Welche Gestaltung, welche
Aenderung gegebener Einrichtungen, welche
politische Bestrebung ist berechtigt?

Diese Frage erhält aus der Idee des höchsten Zieles
die Antwort: Politisch berechtigt ist diejenige Gestaltung
oder Aenderung und diejenige Bestrebung, die in der
Richtung auf das höchste allgemeingiltige Ziel, die Vervollkommnung Aller, liegt.

Da diese Antwort zunächst eine rein formale ist,
so wird der Forschende für die Auffindung materieller
Ergebnisse auf die Notwendigkeit der Erkenntnis concreter historisch gegebener Verhältnisse verwiesen, weil ja nur nach sorgfältigster Prüfung dieser
empirisch bedingten Momente mit Fug eine Entscheidung darüber abgegeben werden kann, ob sich eine
vorgeschlagene Aenderung des bestehenden Zustandes
als eine «Vervollkommnung» erweist.

In dieser theoretischen Erwägung wurzelt ein Gedanke, den unser grosser Kanzler Fürst von Bismarck
nicht selten den Gegnern, bisweilen aber auch An-
hängern seiner Politik gegenüber zu betonen genötigt
war:[1] Es ist hiermit einerseits dargethan, dass eine bestimmte Einrichtung oder Bestrebung nicht bereits um
deswillen, weil sie sich etwa in einer bestimmten Zeit
und in einem bestimmten Staat als politisch richtig ge-
zeigt und bewährt hat, nun auch unter anders ge-
arteten concreten Verhältnissen, zu einer anderen Zeit,

in einem anderen Volk als von Vornherein richtig
erachtet werden kann: und es ist andererseits dadurch
erwiesen, dass es für den Politiker zwar möglich und
notwendig ist, die Richtung, die er zu verfolgen hat,
sich deutlich vorzuzeichnen und diese Richtung alle-
zeit fest im Auge zu behalten, dass er aber die Wege,
die ihn zu seinem Ziele führen sollen, jeweils nach
den concret gegebenen Verhältnissen auf ihre
Gangbarkeit prüfen und auswählen muss.

Jener Doctrinarismus, der für die politische Entwickelung ein bis ins Einzelne genau formuliertes
Programm aufstellen zu können vermeint, erhält also
in dieser Erwägung eine deutliche und begründete Zu-
rückweisung!

Für die Methode der Untersuchung aber gewinnen wir aus diesen Erwägungen den Hinweis, dass
dem Politiker als erste Aufgabe zufällt, dasjenige
Material bereitzustellen, auf Grund dessen er sich
ein Urteil darüber zu bilden vermag, welche politischen Massnahmen unter den concreten Verhältnissen
überhaupt durchführbar sind und wann für eine
bestimmte Massnahme der geeignete Zeitpunkt gegeben ist.

Dieses Material ist nun einerseits gegeben in
den jeweils bestehenden historisch erwachsenen Einrichtungen eines jeden Staatslebens, den wirtschaftlichen Kräften, den Bevölkerungsverhältnissen und einer
Reihe anderer politisch bedeutsamer Momente, zu
deren Erforschung die Geschichte, die Sociologie und
insbesondere auch die Statistik die notwendigen Hilfs-

mittel bieten. Andererseits ist das Material geboten
in den auf Abänderung bzw. auf Erhaltung des
gegenwärtigen Zustandes gerichteten Strömungen, die
vor allem — wenn auch zweifellos keineswegs mit un-
bedingter Sicherheit — in den politischen Parteien
und ihrem jeweiligen Stärkeverhältnis zum Ausdruck
gelangen. Und auf Grund dieses Materials muss sich
nun der Politiker entscheiden, in welcher Richtung er
vorgehen, welcher politischen Strömung er folgen will.
Welches ist die richtige Richtung?

Das politische Material liefert den deutlichen Nachweis, dass alle heute gegebenen Verhältnisse und Bestrebungen in natürlichem Entstehungsprozess causal
erwachsen, dass alles Bestehende das causal notwendige Ergebnis vorhandener Machtverhältnisse ist; und
da aus diesem Nachweis nun als sichere Prognose
die Ueberzeugung zu gewinnen ist, dass auch die Zukunft sich in gleicher Weise abspielen wird, muss da
nicht die Entscheidung dahin gehen, dass der Politiker
eben derjenigen Richtung zu folgen habe, die sich
jeweils als die stärkste erweist?

Die Geschichte zeigt, dass nicht selten nach diesem
Grundsatz verfahren ward; bildet er doch schliesslich
das Prinzip jener Auffassung, welche die Gestaltung
der politischen Verhältnisse ausschliesslich in die Hand
wechselnder Majoritäten legt. Die Geschichte zeigt
uns aber auch auf manchen Blättern, zu welchen Zielen
jene Staaten gelangen, für deren Politik das »sich treiben lassen« als massgebendes Prinzip besteht. Und
fürwahr, das ist doch sicherlich kein brauchbarer Steuer-

mann, der sich ohne Gegenwehr von Wind und Wellen
in die tosende Brandung treiben lässt, solange er noch
die richtungweisende Nadel des Compasses vor
Augen hat und einen kräftigen Arm, das Ruder zu
führen!

Aus der Idee eines obersten allgemeingiltigen Zieles
aller Politik ergiebt sich eine andere Stellungnahme
zu dem vorgebrachten Material: die Anschauung nämlich, dass eine politische Strömung nicht um deswillen,
weil sie vorhanden ist und sich kräftig geltend zu
machen weiss, nun auch bereits als berechtigt erwiesen erscheint, dass vielmehr die Frage, ob sie berechtigt, in einer neuen und andersartigen Untersuchung nunmehr erst festgestellt werden muss.

In welcher Methode diese Untersuchung durchzu-
führen, ist durch die Annahme eines obersten und
allgemeingiltigen Zweckes bereits vorgezeichnet: Es
besteht die Aufgabe darin, die Richtung auf das
höchste Ziel näher zu kennzeichnen und dadurch
für die Auffindung der richtigen Wege Anleitung
zu gewinnen.

Die Lösung dieser Aufgabe ist in der Weise in
Angriff zu nehmen, dass der Versuch gemacht wird,
aus der Grundanschauung über den letzten allgemeingiltigen Zweck des Staates nähere allgemeingiltige
Zwecke und damit die objektiv richtigen Mittel zur Erreichung des letzten Zweckes zu entwickeln.

Es lassen sich somit auch auf dem Wege dieser
Methode ‹Gesetze› aufweisen; in welchem Sinn aber
der Begriff ‹Gesetz› hiebei zu verstehen, kann nicht

zweifelhaft sein: es kann sich nicht um Gesetze in dem Sinn handeln, dass damit der Eintritt gewisser Thatsachen als die (causal) notwendige Folge des Eintrittes gewisser anderer bezeichnet wird, sondern um Gesetze in dem Sinn von Normen, von Geboten, welche ein bestimmtes Verhalten als (teleologisch) notwendige Voraussetzung für die Erreichung eines bestimmten Zweckes angeben und vorschreiben.

Solche Gesetze der Politik ergeben sich aus folgenden Erwägungen:

Die gesamte Entwickelung des Menschen geschieht in der Gemeinschaft mit anderen Menschen und durch dieselbe und das Mass der Entwickelung eines jeden Gliedes ist wesentlich bedingt durch das Mass der Förderung, das es durch die Gemeinschaft empfängt. Je grösser also der Einfluss ist, den die Gesamtheit in der Richtung einer Vervollkommnung auf jedes Glied äussert, einen desto höheren Grad der Vervollkommnung kann dieses für sich erreichen, und einen desto grösseren Einfluss vermag es wiederum in derselben Richtung auf alle übrigen Glieder auszuüben. Dem Staat als organisierter Gemeinschaft obliegt damit die Aufgabe grösstmöglicher Förderung der Vervollkommnung Aller: einerseits durch die Art der Gestaltung, die Ordnung des Zusammenlebens und Zusammenwirkens seiner Gemeinschaftsglieder, andererseits durch die Bereitstellung derjenigen Mittel, welche jeweils in ihrer Gesamtheit die Voraussetzung für eine in der Richtung auf das höchste Ziel liegende Entfaltung und Entwickelung der Gemeinschaftsglieder bilden.

Und da nun der Staat, um diese Aufgabe durchführen
und die Interessen seiner Angehörigen gegenüber colli-
dierenden Interessen anderer Staatsgemeinschaften wirksam wahrnehmen zu können, bestimmter Zwangs-
mittel bedarf, liegt auch die Erhaltung und Stärkung
der Macht im Kreis derjenigen Aufgaben, welche dem
Staat aus seinem obersten Zweck unmittelbar zufallen.
Hiermit ist nun die Stellung gewiesen, die wir
zu den in der Litteratur hauptsächlich vertretenen Theorien über die Zwecke des Staates einzu-
nehmen haben: Schutz der Rechtsordnung, Pflege
der Wohlfahrt, Wahrung und Stärkung der Macht
bezeichnen uns weder einzeln noch verbunden den
letzten Zweck des Staates, wohl aber erscheinen uns
in diesen Worten seine näheren Zwecke genannt
und damit ein deutlicher Hinweis gegeben auf die
Richtungen, in welchen die bedeutsamsten Pflichten
staatlicher Thätigkeit liegen. Wenn also z. B. in der
Einleitung der Verfassung des Deutschen Reiches der
Schutz des Bundesgebietes und des innerhalb des-
selben giltigen Rechtes, sowie die Pflege der Wohlfahrt des deutschen Volkes als Zweck des ewigen
Bundes unter den beteiligten Staaten genannt wird,
so können diese Worte dadurch, dass wir ein ober-
stes politisches Prinzip über jene Zwecke stellen,
und sie als Ausfluss aus diesem, als nähere Zwecke
betrachten, nicht nur nicht verlieren, sie gewinnen
vielmehr an Bedeutung. Denn einmal lassen sich aus
der Idee der Vervollkommnung Gesichtspunkte gewinnen
für eine nähere Bezeichnung des richtigen Inhaltes

jener Gedanken, zum anderen aber wird hiermit hingewiesen auf das richtige Verhältnis der Staatszwecke zu einander d. h. es wird hierdurch die Notwendigkeit der Harmonie derselben betont und begründet.

IV.

Gestatten Sie, hochgeehrte Anwesende, dass ich den Versuch mache, im Folgenden diese Anschauung mit einigen Worten auszuführen; — es kann sich in dieser Skizze, die nur die Richtung der Untersuchung zu kennzeichnen, nicht aber eine auch nur annähernd erschöpfende Darstellung der hier auftauchenden Einzelfragen zu geben vermag, natürlich nicht darum handeln, irgendwie neue Gesichtspunkte vorzulegen; meine Absicht ist nur darauf gerichtet, durch Betrachtung einiger concreter politischer Erscheinungen darzuthun, in welcher Weise ich die praktische Anwendung dieser theoretischen Erwägungen für möglich halte.

Die Erhaltung der äusseren und inneren Sicherheit des Staates ist die selbstverständliche Voraussetzung für die Möglichkeit einer Erfüllung aller Einzelzwecke, welche der staatlichen Gemeinschaft zufallen, und die Bereitstellung der Machtmittel, die diesem Zwecke zu dienen bestimmt sind, erscheint deshalb als erste Aufgabe staatlicher Thätigkeit.

Die Idee der Vervollkommnung Aller als höchstes Prinzip enthält eine Begründung und Bekräftigung dieses Gedankens dadurch, dass sie den Staat als notwendiges Mittel zur Realisierung dieser Idee bezeichnet. Und sie bietet insofern auch einen Gesichtspunkt für die Beurteilung der auf die Durchführung jenes Zweckes gerichteten politischen Massnahmen, als sie eine Verwendung der Machtmittel im einseitigen Interesse einzelner Personen oder einzelner Kreise der Staatsangehörigen — etwa der Industrie oder der Landwirtschaft, der Arbeitgeber oder der Arbeitnehmer — als unzulässig bezeichnet und so einen Hinweis darauf giebt, dass die Erhaltung und Stärkung der Machtmittel mittelbar der Erfüllung aller der Gemeinschaft obliegenden Aufgaben zu dienen hat.

Da aber die Bereitstellung der Machtmittel einerseits einen kräftigen Gemeinsinn aller Staatsangehörigen, andererseits ihre finanzielle Leistungsfähigkeit zur notwendigen Voraussetzung hat, so sind auch durch diesen ersten Zweck bereits bestimmte Richtungen vorgezeichnet, in denen sich die staatliche Thätigkeit bewegen muss, wenn sie die Sicherheit nach Aussen und Innen wirksam und dauernd schützen will.

Wir gelangen zum Zweiten: Für die Gestaltung des Zusammenlebens und Zusammenwirkens der Gemeinschaftsglieder entspringt aus der Idee der Vervollkommnung die Aufgabe, ein solches Verhalten der einzelnen Individuen zu einander herbeizuführen, dass ein jedes in der Verfolgung seiner in der Richtung auf das oberste

und allgemeingiltige Ziel gelegenen Einzelzwecke durch die übrigen Gemeinschaftsglieder nicht behindert wird. Es handelt sich
also darum, in diesem Sinn Normen des richtigen
Verhaltens — Rechtsnormen — aufzustellen und
die Beobachtung derselben mit den zu Gebot stehenden
Mitteln nötigenfalls zu erzwingen.

Es erhebt sich nun die Frage, ob es möglich erscheint, allgemeingiltige Grundsätze über den
Inhalt jener Normen zu entwickeln, ob es also angängig ist, von einem «sein sollenden Recht» zu sprechen
und dieses dann etwa dem in Geltung befindlichen als
Forderung der Zukunft gegenüberzustellen.[8]

Wer die Annahme eines allgemeingiltigen letzten
Zweckes für menschliches Gemeinschaftsleben grundsätzlich ablehnt, wird die gestellte Frage im Prinzip
verneinen müssen und also von einem sein sollenden
Recht nur in dem Sinn reden dürfen, als concret
zu Tage tretende Forderungen und Bedürfnisse eine
concrete Aenderung des bestehenden Rechtszustandes erheischen, durch welche jene die entsprechende
Berücksichtigung finden.

Die Antwort, die sich aus der hier vertretenen
Anschauung ergiebt, weicht von jener erheblich ab:
Da die Idee der Vervollkommnung Aller, wie oben ausgeführt, zunächst ein rein formales Prinzip enthält,
müssen zwar auch wir zunächst die Entwickelung eines
Systems von inhaltlich bestimmten Rechtssätzen,
die als objectiv richtige und allgemeingiltige für alle nur
denkbaren historisch gegebenen Verhältnisse Geltung be-

anspruchten, ablehnen, wir sind aber in der Lage, über den richtigen Inhalt aller nur möglichen Rechtsnormen gewisse allgemeine f o r m a l e Angaben zu machen; wir können nämlich feststellen, dass der Inhalt der Normen insofern ein gleichbleibender sein muss, als gewisse Bedingungen unter allen Umständen und Zeitverhältnissen die Voraussetzung für die Verfolgung der berechtigten Einzelzwecke durch das Individuum bilden, dass der Inhalt dagegen insofern dem Wechsel unterliegt, als durch historisch gegebene Verhältnisse wechselnde Bedingungen als Voraussetzung berechtigter Zweckverfolgung erscheinen. Als Beispiele lassen sich in ersterer Richtung etwa anführen: die Erhaltung des individuellen Lebens und der körperlichen Integrität, in letzterer der Schutz concret bestehender Einrichtungen des kirchlichen Lebens, des lauteren geschäftlichen Verkehrs, die Bestimmungen der jeweiligen Prozessgesetze. Und in dieser Erwägung gelangen wir dazu, Gebote des Naturrechtes in dem Sinn als bestehend anzunehmen, als sich solche Normen aufweisen lassen, die ihrem Inhalt nach dem Gesetzgeber gegenüber den Anspruch erheben, unbedingt und unter allen Verhältnissen zur Geltung gebracht zu werden, weil ihre Durchführung die notwendige Voraussetzung für eine in der Richtung auf das höchste Ziel liegende Zweckverfolgung der Gemeinschaftsglieder ist.

Das bedeutsamste formale Prinzip, das sich aus der Idee der Vervollkommnung Aller für den Inhalt der Rechtsnormen ergiebt, ist nun aber jenes, das an den Gesetzgeber die Forderung stellt, bei Festsetzung der

Normen im Sinn der obersten Idee zu verfahren, das heisst den Inhalt der Normen so zu bestimmen, dass einem Jeden in formal gleicher Weise die Möglichkeit gegeben ist, seine in der Richtung auf die Vervollkommnung gelegenen Zwecke zu verfolgen. Damit ist als Grundgesetz für die Gestaltung alles Gemeinschaftslebens proklamiert: das Prinzip der Gerechtigkeit.

Gestatten Sie, hochgeehrte Anwesende, dass ich nun den Versuch mache, die eben entwickelten theoretischen Erwägungen auf die Beurteilung einer concreten politischen Erscheinung anzuwenden und zwar auf die Beurteilung der auf eine Reform des geltenden Strafrechts gerichteten Bestrebungen.

Bei der zunächst vorzunehmenden Betrachtung des historisch gegebenen Materials tritt uns hier die Thatsache vor Augen, dass sich die bestehenden Strafmittel, wie sich aus den durch die Criminalstatistik gelieferten Ergebnissen mit Sicherheit constatieren lässt, für Bekämpfung der Verbrechen als unwirksam erwiesen haben. Dass das Bedürfnis einer Aenderung des gegenwärtigen Zustandes besteht, ist also zweifellos, und ebenso besteht kein Zweifel darüber, welchen nächsten Zweck alle Abänderungsvorschläge erstreben müssen: es soll eine Verminderung der Strafthaten herbeigeführt werden. Dass diese Bestrebungen hinsichtlich ihres Zweckes im Sinn der obersten Idee objektiv berechtigt sind, bedarf somit keines weiteren Beweises.

Nun aber sind die gestellten Abänderungsvorschläge inhaltlich zu prüfen und es ist zu fragen: Würde eine in Vorschlag gebrachte Abänderung voraussichtlich eine Verminderung der Strafthaten zur Folge haben? und zum anderen: entspricht der Vorschlag in seinem Inhalt den bestehenden ethischen Wertanschauungen? Ich nehme an, der Vorschlag lautete etwa folgendermassen: «Sobald durch die That des Verbrechers ein festgewurzelter Hang zum Verbrechen bekundet wird, ist der Thäter durch lebenslängliche Einsperrung dauernd unschädlich zu machen, und zwar ohne Rücksicht darauf, ob der Thäter zur Zeit der Begehung des Verbrechens zurechnungsfähig gewesen ist oder nicht, und ohne Rücksicht darauf, ob die Handlung als Verbrechen, als Vergehen oder als Uebertretung zu qualificieren ist.»"

Es erscheint mir ganz zweifellos, dass gegenüber einem solchen Vorschlag die erste der eben angeführten zu stellenden Fragen mit einem deutlichen «Ja» zu beantworten wäre, denn die weit überwiegende Anzahl aller derjenigen, die heute als «Rückfällige» auf kürzere oder längere Dauer in die Strafanstalt wandern, um nach ihrer Entlassung sofort wiederum zum Verbrechen zu schreiten, würden dann in der Strafanstalt dauernden Aufenthalt finden und ausserdem würden auch alle jene Verbrecher, bei denen der Richter schon bei dem ersten zur Aburteilung kommenden Verbrechen der Anschauung war, dass sich der eingewurzelte verbrecherische Hang bereits unverkennbaren Ausdruck gegeben, in solcher Weise dauernd unschädlich gemacht werden. Und so würden Ordnung, Ruhe und Sicherheit ohne Zweifel durch eine solche zielbewusste Bekämpfung des Verbrechertums sehr bedeu-

tend gewinnen, — der Zweck der erstrebten Reform
wäre in vollem Umfang erreicht. Muss diese Aussicht
nicht als zur Rechtfertigung des Vorschlages vollkommen
genügende Erwägung betrachtet werden?
Wäre die Aufrechthaltung der Rechtsordnung, der
Schutz der Normen gegen Uebertretung, der letzte Zweck
der Strafe und gäbe es neben diesem Zweck nicht noch
ein anderes Prinzip, welches für die Bestimmung der
Strafe massgebend in Betracht käme, so müsste die Frage
bejaht werden. Da aber die Rechtsordnung nur ein
Mittel ist zur Erreichung des höchsten Zieles und da
dieser Idee ein regulatives Prinzip, die Gerechtigkeit
entstammt, welches den Gesetzgeber auf die concret
bestehenden Wertanschauungen verweist und deren
Berücksichtigung bei der Bestimmung der Strafe for-
dert, so ist mit der Beantwortung der ersten Frage die
erforderliche Prüfung des Vorschlages noch nicht be-
endet, es ist vielmehr die zweite Frage aufzuwerfen:
Entspricht der Vorschlag in seinem Inhalt den bestehenden Anschauungen über die «gerechte» Strafe?
Es ist hier nicht die Stelle, in eine nähere Untersuchung dieser Frage einzutreten, wohl aber mag es
mir gestattet sein, meine Anschauung auszusprechen:
dieselbe geht dahin, dass die zweite Frage um deswillen zu verneinen ist, weil sowohl der Verzicht
auf die Prüfung der Zurechnungsfähigkeit und damit
der Verzicht auf die Unterscheidung von Geistesge-
sunden und Geisteskranken, von Strafanstalt und Irren-
haus, als auch die Nichtberücksichtigung der Schwere
des Erfolges bei der Bestimmung der Strafe den heute

bestehenden Weltanschauungen zweifellos widerspricht.
Und damit ist vom Standpunkt der hier vertretenen
Idee aus die gegenüber jenem Vorschlag einzunehmende
Stellung gewiesen: Der Vorschlag erscheint inhaltlich
als politisch unrichtig, die auf eine Durchführung
des Vorschlages gerichtete criminalpolitische Bestrebung
ist deshalb zu bekämpfen.

V.

Haben wir hiermit anzudeuten versucht, in welcher
Weise sich aus der Idee der Vervollkommnung Erwägungen für die Prüfung concreter Vorschläge auf dem
Gebiete der Rechtsordnung ableiten lassen, so möge
nunmehr noch gestattet sein, einige Gesichtspunkte
vorzubringen, die sich aus dieser Idee für die nähere
Bezeichnung des Inhaltes jenes von der Reichsverfassung
an dritter Stelle genannten Zweckes, die Pflege der
Wohlfahrt, ergeben.

Die Mittel, welche dem Staat zur Förderung der
Entwickelung seiner Gemeinschaftsglieder zur Verfügung
stehen, gehören den Gebieten an, die im Einzelnen als
Bereiche der Socialpolitik, der Agrarpolitik, der Handels-
politik, der Kirchen- und Schulpolitik, u. s. w. bezeichnet
werden.

Ein Blick auf die Geschichte unseres Jahrhun-
derts, ja ein Blick auf die letzten fünfundzwanzig
Jahre deutscher Politik zeigt uns, wie ausserordentliche

Erfolge der Staat in der Erfüllung dieser seiner Aufgaben
aufzuweisen hat!

Aber je mehr nun die Verpflichtung des Staates
zur Förderung der Wohlfahrt aller Glieder der Gemeinschaft zur Anerkennung gelangt, — und die Grenze
des Möglichen und Notwendigen ist hier sicherlich
heute noch nicht erreicht, — desto näher tritt eine
Gefahr, deren Bedeutung vom Standpunkt der Vervollkommnungsidee aus nicht unterschätzt werden darf, die
Gefahr nämlich, dass durch die Art und Weise, in
welcher die Unterstützung und Förderung geschieht,
zwar die wirtschaftliche Lage der Bedachten
— die Wohlfahrt in diesem Sinne — gehoben,
die innere Vervollkommnung derselben jedoch nicht
nur nicht gefördert, sondern in gewissem Sinn sogar
eher gehindert wird: und zwar um deswillen, weil durch
die Art und Weise, in welcher die Unterstützung geschieht, die eigene Initiative der Individuen
eine Schwächung erfährt.

So zweifellos es nun aber ist, dass ein gewisses
Mass äusserer Wohlfahrt eine Voraussetzung
der Vervollkommnung bildet, so unrichtig wäre es,
die Wohlfahrt in diesem Sinn als letzten Zweck
betrachten zu wollen; nein, nur derjenige Zustand
der Wohlfahrt erscheint als erstrebenswert, der
quantitativ und qualitativ geeignet ist, die Vervollkommnung der Gemeinschaftsglieder zu fördern, ein
Zustand der Wohlfahrt dagegen, der eine Schwächung der individuellen Energie, eine Erschlaffung
der geistigen und körperlichen Spannkraft zur Folge

haben würde, ist nicht zu billigen, auch dann nicht, wenn er seinem Inhalt nach thatsächlich einer Anzahl der Gemeinschaftsglieder als Gedanke einer Verwirklichung «höchsten Glückes» vorschwebte.

Die Wohlfahrt ist ja immer nur ein **Mittel** zur Förderung der Vervollkommnung, denn die Vervollkommnung kann schliesslich im eigentlichen Sinn nur durch die eigene Thätigkeit des Individuums geschehen, und die Gemeinschaft vermag nur die äusseren Mittel, die hierzu dienlich sind, zu bieten. Die Vervollkommnung des Individuums ist deshalb dadurch bedingt, dass es zur **Selbständigkeit** erzogen, dass es zur Entwickelung und Entfaltung seiner **Eigenart** angeleitet wird und jede Förderung, die der Staat den Gliedern der Gemeinschaft angedeihen lässt, ist mithin nur insoweit **politisch richtig**, als durch die Art und das Mass der Förderung die Selbständigkeit, die Selbstentwickelung des Individuums geweckt und gestärkt wird.

Es besteht heute in weiten Kreisen eine gewisse Neigung, im Sinn des materialistischen Determinismus die Bedeutung der Einzelpersönlichkeit gegenüber der Bedeutung der socialen und wirtschaftlichen Verhältnisse zu unterschätzen — eine solche Auffassung bildet für die Entwickelung eines Volkes eine unmittelbare Gefahr, denn sie schädigt das Persönlichkeitsgefühl und damit auch das **Verantwortlichkeitsgefühl** des Einzelwesens. Die bewusste Vervollkommnung verlangt aber gerade eine möglichste Stärkung dieses Gefühles, sie setzt voraus den **Glauben** der Persönlichkeit an sich selbst, das feste **Vertrauen**, dass in dem Wesen jedes Einzelnen eine eigenartige, in derselben Weise sich bei keinem Anderen wiederholende Combination von Kräften und Fähigkeiten gegeben ist, und dass mithin der Weg zur Vervollkommnung darin besteht, die eigene Eigenart zu erkennen und nach ihrer Entfaltung zu trachten.

Und so scheint mir gegen diese Tendenz, alle individuellen Verschiedenheiten möglichst abzuschleifen, eine kräftige Reaction notwendig in dem Sinn einer Erziehung des Individuums zur Selbstentwickelung und Selbstbehauptung, auf dass das individuelle Leben zu höherer Geltung gebracht, Thätigkeit und Energie an die Stelle der Trägheit und Stumpfheit gesetzt, und die sittliche Kraft unseres Volkes, die einzige sichere Grundlage allen staatlichen Lebens, gesteigert werde.

Die dem Staat zu einer Förderung der Entwickelung in dieser Richtung zur Verfügung stehenden Mittel liegen auf a l l e n Gebieten staatlicher Thätigkeit, insbesondere aber sind es die Gebiete der Socialpolitik und der Wirtschaftspolitik, in denen, vom Standpunkt der hier vertretenen Anschauung aus, eine sorgfältige Erwägung über die richtigen Grenzen und das richtige Mass staatlicher Einwirkung heute notwendig erscheint.

Vielleicht darf ich mir erlauben, in diesem Zusammenhang an die bedeutsamen Worte zu erinnern, die der Kaiserliche Statthalter vor Kurzem bei Gelegenheit einer landwirtschaftlichen Kreisausstellung gesprochen hat und mit denen er insbesondere auf die Bedeutung der landwirtschaftlichen Vereine für die Entwickelung unserer Landwirtschaft hinwies: «Ich wiederhole auch hier, was ich wiederholt dem Lande ausgesprochen habe, dass die Regierung unausgesetzt bestrebt ist, die Interessen der Landwirtschaft zu unterstützen, soweit dies überhaupt von Regierungswegen möglich ist. Die Landwirte des Landes dürfen aber nicht alles von uns verlangen, sondern müssen sich auch selbst zu helfen suchen. Wer sich selbst hilft, dem hilft Gott!»

Ein näheres Eingehen auf die in diesen Gebieten gegebenen Fragen würde dem Zweck unserer gegenwärtigen Erwägungen nicht entsprechen, wohl aber möchte ich Ihren Blick noch auf ein Gebiet staatlicher Thätigkeit lenken, dessen Fragen gerade von den hier interessierenden Gesichtspunkten aus vielleicht nicht genügend gewürdigt werden.

Auf keinem Gebiet ist das Mass des Einflusses, den der Staat auf die Entwickelung seiner Angehörigen ausübt, so gross als auf dem Gebiet der Schule, denn regelmässig begnügt sich der moderne Staat nicht damit, dem Einzelnen die durch die Schule mögliche Förderung zur Verfügung zu stellen, sondern er zwingt den Einzelnen, sich ein bestimmtes Mindestmass von Kenntnissen anzueignen, oder wenigstens zum Zweck dieser Aneignung eine bestimmte Anzahl von Jahren die Schule zu besuchen. Wie unendlich wichtig ist es da, dass die Schule nun auch wirklich das leistet, was eine Vervollkommnung des Einzelnen und der Gesamtheit zu sichern vermag!

Das lebhafte Streben unserer Zeit, in der Schule

ein möglichst grosses Mass von Kenntnissen zu geben, die zur Verwertung im Kampf um die Lebensstellung unmittelbar brauchbar erscheinen, bringt nun m. E. die Gefahr nahe, dass der Staat über der einen Aufgabe, die der Schule zufällt: zu unterrichten, die andere in den Hintergrund treten lässt: die Aufgabe, den Willen zu bilden, zu erziehen.[1]

Gewiss, die Erziehung fällt in erster Linie nicht der Schule, sondern der Familie zu; aber da diese in Folge der concreten Gestaltung der socialen und wirtschaftlichen Verhältnisse die ihr hiermit gestellten Aufgaben in immer mehr Fällen gar nicht lösen kann, so besteht für den Staat die politische Notwendigkeit, diese Aufgabe zu übernehmen und ihre Lösung durch Einrichtung von besonderen Erziehungsanstalten und durch eine entsprechende Gestaltung des Unterrichtes zu erstreben. Denn es kann wohl keinem Zweifel unterliegen, dass die richtige Bildung des Willens der Glieder einer Gemeinschaft von der grössten politischen Bedeutung ist, beruht ja doch die ganze Intensität der gegenseitigen Förderung, und damit die Kraft, die der staatlichen Gemeinschaft innewohnt, schliesslich auf dem Mass sittlichen Willens, das jedem Gliede der Gemeinschaft eignet und damit für die Gestaltung des Zusammenlebens und Zusammenwirkens bestimmend wird. Aus dieser Erwägung aber besteht vom Standpunkt der Vervollkommnungsidee aus für den Staat auf dem Gebiet der Schulpolitik heute die wichtige Pflicht, die Schule gegenüber dem Bestreben, möglichst viel ‹nützliche› Kenntnisse zu geben, auch auf die Auf-

gabe hinzuweisen, durch eine Betonung der religiös-
sittlichen Ideale den Willen zu bilden und durch
die Pflege der Geschichte den Gemeinsinn zu wecken
und das Streben auf höhere Ziele zu lenken.
Durch eine Förderung der Vervollkommnung in
solchem Sinn vermag der Staat allen Zwecken, die
der Gemeinschaft obliegen, am wirksamsten gerecht
zu werden, hier ist die reinste und edelste Harmonie
der Staatszwecke gegeben, denn Wohlfahrt und
Recht und nicht in letzter Linie staatliche Macht
haben schliesslich doch immerdar zur einzig sicheren
Grundlage jene sittliche Kraft, welche die Volks-
genossen eint zu einem gemeinsamen Streben und einem
gemeinsamen Streiten für unsere höchsten heiligsten
Ideale. Und nur ein Volk, dem diese Kraft innewohnt,
ist stark genug, jene Aufgaben zu vollbringen, welche die
zukünftige Entwickelung der Weltpolitik den einzelnen
Staatswesen stellen wird.

Auch hier zeigt uns die Idee der Vervollkommung
ein hohes Ziel politischen Strebens: ein friedliches
Zusammenwirken der Staaten zu gegensei-
tiger Förderung und Vervollkommnung, aber
auch hier ist Selbstbehauptung und Entfaltung aller Kräfte der Gemeinschaft ein in
jener Idee wurzelndes Gesetz der Politik, das starken
Völkern heute deutlich die Wege der Entwickelung
vorzeichnet! Glücklich das Volk, dem auf solchen
Wegen der Führer beschieden, der mit ahnendem
Empfinden das Streben seiner Zeit nach hohen Zielen
zu erkennen, mit heisser Leidenschaft und doch mit

kühler Ueberlegung zu erfassen und mit einem uner-
schütterlichen Willen zu kraftvoller Bethätigung zu
bringen vermag!

Hier leitet uns die Politik als Wissenschaft hinüber
in's volle Sonnenlicht unseres staatlichen Lebens!
Wenn Sie aber zweifelnd fragen, ob denn die als
Theorie hier entwickelte idealistische Auffassung politischer Ziele wohl tauglichen Hinweis zu geben vermag zur Auffindung des richtigen Weges, ob diese
Theorie wohl praktisch durchführbar erscheine,
so möchte ich dieses sagen: Die Politik als Wissenschaft
wird niemals Zauberformeln darbieten, die für
jede Einzelfrage des staatlichen Lebens eine sofortige
und glatte Lösung ermöglichen. Wohl aber vermag die
Politik als Wissenschaft zu bieten: eine Orientierung über
die Mannigfaltigkeit politischer Strebungen unter einem
einheitlichen und allgemeingiltigen obersten Gesichtspunkt.
Und dadurch vermag sie nicht nur auf die Erkenntnis
sondern auch auf den Willen zu wirken. Denn sie
leitet uns an, durch eine leidenschaftslose Betrachtung
des Wirklichen die politischen Gegensätze klarer und
reiner zu erfassen und sie bringt uns hiemit eine
köstliche Gabe: eine Veredelung der politischen Gesinnung, die beste Gewähr warmherziger,
treuer Mitarbeit an den grossen Aufgaben, die unserer
Zeit und unserm Volke gestellt sind.

In solcher Auffassung werden wir auf die Frage,
ob jene idealistische Ausdehnung praktisch durchführbar erscheine, auf manchen Blättern der Geschichte deutliche Antwort finden und tief empfinden

wir heute den Eindruck, den eine frohe Gegenwart uns weckt:

Unsere Blicke wenden sich auf u n s e r e n K a i s e r in der begeisternden Ueberzeugung, dass seine Politik dahin gerichtet ist, Wohlfahrt und Recht zu pflegen, Macht und Ansehen des Reiches zu wahren und zu mehren, um in solchem Streben sein Volk zu den Zielen zu führen, d a u n s e r e h ö c h s t e n I d e a l e g l ä n z e n!

In diesem Gedanken schauen wir mit festem, fröhlichem Blick hinein in die Welterscheinungen, und in solcher Gesinnung feiern wir heute den Geburtstag des Kaisers!

G o t t s c h ü t z e, G o t t s e g n e u n s e r e n K a i s e r!

Anmerkungen.

[1] Ueber die Litteratur der Politik s. v. Holtzendorff, Die Prinzipien der Politik, 2. Aufl (1879) S. 334 ff. und Walcker, Politik der konstitutionellen Staaten. (1890); vgl. ferner Rehm, Geschichte der Staatsrechtswissenschaft in Marquardsens Handbuch des öffentlichen Rechts. Einleitungsband. 1. Abt.

[2] Für die Methode der vorliegenden Untersuchung wird damit von bestimmendem Einfluss jenes Prinzip der Fragestellung, das R. Stammler in seinem Werke «Wirtschaft und Recht» für die Erkenntnis der Gesetzmässigkeit des socialen Lebens auf der Grundlage Kant'scher Erkenntniskritik entwickelt hat. Vgl. hierzu meinen Aufsatz «Rudolf Stammlers Socialer Idealismus» in den Preussischen Jahrbüchern B. 85 S. 314 ff.

[3] L. Gumplowicz, Sociologie und Politik (1892); G. Ratzenhofer, Wesen und Zweck der Politik. Als Theil der Sociologie und Grundlage der Staatswissenschaften. (1893).

Als grundlegende Werke für die sociologische Auffassung in der Politik kommen insbes. in Betracht: Herbert Spencer, The principles of sociology (1876. deutsch von Vetter) und Schäffle, Bau und Leben des socialen Körpers. 2. Aufl. 1896.

Ueber die Litteratur vgl. Gumplowicz a. a. O. S. 3 ff. und S. 137 ff.

[4] Eine Kritik und Widerlegung des materialistischen Determinismus habe ich zu geben versucht in einem Aufsatz über «Die strafrechtliche Zurechnungsfähigkeit» Deutsche Juristenzeitung II. Jahrgang (1897) S. 25 ff und in einem Vortrag über «Strafrecht und Ethik» (1897.) S. 7 ff.

[5] Die Vervollkommnungsidee ist insbesondere von Leibniz, Wolf und Shaftesbury vertreten worden. Die im Text versuchte Entwickelung und Formulierung dieses Begriffes finde ich jedoch in der bisherigen Litteratur nicht gegeben.

[6] Eine Uebersicht über die den Staatszweck betr. Theorien s. bei H. Schulze, Einleitung in das Deutsche Staatsrecht (1867) S. 125 ff. und bei v. Holtzendorff, Die Prinzipien der Politik, 2. Aufl. (1879) S. 191 ff.

⁷ Eine Darstellung der politischen Grundanschauungen des
Kanzlers giebt H. R o s i n , Grundzüge einer allgemeinen Staats-
lehre nach den politischen Reden und Schriftstücken des Fürsten
Bismarck (1897).

⁸ Eine eingehendere Stellungnahme zu den auf diesem
Gebiet bestehenden Anschauungen überhaupt, wie insbesondere
zu den in der Aufweisung des socialen Ideals — «der Gemeinschaft frei wollender Menschen» — kulminierenden Ausführungen
S t a m m l e r s ist hier ausgeschlossen, ich hoffe eine solche in
weiteren Arbeiten geben zu können.

Zur Orientierung sei verwiesen auf:
M e r k e l , Ueber das Verhältnis der Rechtsphilosophie zur
positiven Rechtswissenschaft und zum allgemeinen Theil dersel ·
ben, in G r ü n h u t s Zeitschrift für das Privat- und öffentliche
Recht der Gegenwart B. I. D e r s e l b e, Elemente der allgemeinen
Rechtslehre in v. H o l t z e n d o r f f s Encyklopädie der Rechts-
wissenschaft 5 Aufl. (1890). D e r s e l b e , «Rechtsphilosophie» in
L e x i s , Die deutschen Universitäten B. I. S 406 ff B e r g b o h m ,
Jurisprudenz und Rechtsphilosophie B. I (1892). v. H e r t l i n g
Ueber Ziel und Methode der Rechtsphilosophie im Philosophi-
schen Jahrbuch der G ö r r e s - G e s e l l s c h a f t B. VIII. (1895).
D e r s e l b e , Kleine Schriften zur Zeitgeschichte und Politik.
(1897). R. S t a m m l e r. a. a. O. S. 169 ff.

⁹ Ein Vorschlag, wie er hier formuliert erscheint, ist bisher
noch nicht ausdrücklich gemacht worden, für den Kundigen kann
aber kein Zweifel darüber bestehen, dass ein solcher Vorschlag im
Wesentlichen den T e n d e n z e n der in neuester Zeit zu Tage ge-
tretenen Reformbestrebungen entspricht. s. v. L i s z t , Die strafrechtliche Zurechnungsfähigkeit, in der Zeitschrift für die gesamte Strafrechtswissenschaft B. XVII S. 70 ff. und im Lehrbuch
des Deutschen Strafrechts 8. Aufl. (1897) S. 70 f., S. 80 f. Vgl.
hiezu meine in Anm. 4 citierten Aufsätze und gegen dieselben
neuerdings wieder v. L i s z t, in der Zeitschrift B. XVIII. S. 229 ff.

¹⁰ Ueber die Bedeutung der Erziehung vom criminalisti-
schen Gesichtspunkt vgl. meine oben citierte Abhandlung über
«Strafrecht und Ethik» ; ich habe dort nachzuweisen versucht,
dass die wirksamste B e k ä m p f u n g d e r V e r b r e c h e n durch
die Einpflanzung ethischer Grundsätze geschieht und dass die
hiermit gegebene Aufgabe in erster Linie d e r E r z i e h u n g
d e r J u g e n d zufällt.